ZENSHO W. KOPP

La Inmortalidad
del Verdadero
Sí-Mismo

La luz brillante y omnipresente de la Mente Única que brilla desde sí misma es tu verdadera naturaleza, sin nacimiento y sin muerte.

Esta luz brilla eternamente por sí misma, completamente libre de los sentidos y las apariencias. Confiar en esta luz espiritual y experimentarla en tu interior es el verdadero camino hacia la liberación.

La mente pura, libre de nacimiento y muerte y de todo pensamiento, es tu verdadero e inmortal Sí-Mismo. Pero la mente discriminante esta compuesta solo de pensamientos.

Cuando los pensamientos se disuelven en la contemplación mística, esta inquieta mente discriminatoria desaparece, y el Verdadero Sí-Mismo brilla.

El Zen es un retorno al origen de nuestro Ser Verdadero. Este estado original de nuestra mente es la realidad que está detrás de toda experiencia.

Llegar al estado original de la mente y así liberarse de todas las limitaciones es la experiencia directa de la verdad del Zen.

Alcanza una conciencia que no esté apegada a nada y esté vacía como el espacio vacío. Libérate de todos tus conceptos de cualquier tipo.

Si pudieras alcanzar un estado más allá del pensamiento en una conciencia clara y brillante, te darías cuenta de que la esencia de tu mente esta vacía.

Solo la mente clara y brillante que permanece en la visión clara no discerniente se conoce a sí misma.

Para habitar en este reflejo sereno y claro de la mente, no hay nada más que hacer que dejar la mente en su estado natural.

Observa constantemente y en todo lugar tu propia mente ; esta es la verdadera práctica del Zen.

La conciencia relativa distingue entre sujeto y objeto. Pero la conciencia del Verdadero Sí-Mismo es absoluta y no requiere ningún objeto.

La disolución del no-conocimiento se produce por la desaparición del sentido de la dualidad. La eliminación de todo el no-conocimiento es la consecución de tu Verdadero Sí-Mismo.

No se puede encontrar a Dios en el exterior. Vuelve tu mente hacia sí misma y Dios se revelará como conciencia pura, tu verdadera naturaleza de Buda.

Los seres humanos somos Buda en nuestra naturaleza más profunda. Es decir, no somos otra cosa que la Mente Única, el ser búdico eternamente inmutable, la fuente primordial superespacial-temporal de todo el cosmos.

Al igual que la luz disipa la oscuridad, todas las identificaciones y apegos desaparecen por sí mismos tan pronto como te das cuenta de tu Ser Verdadero.

En el fuego del amor divino todos los apegos y proyecciones se disuelven, y te transformas en la pura realidad de tu Verdadero Sí-Mismo inmortal.

No necesitas pedir la acción de la gracia divina, sino solo abrirte interiormente a ella y vaciarte.

La experiencia de tu Ser Verdadero sin nacimiento y sin muerte tiene lugar en absoluto silencio ante el Infinito.

Para obtener una visión de la naturaleza original de tu Ser Verdadero, debes trascender todo y no aferrarte a nada.

Sé amplio y abierto como el cielo y no te aferres al pasado, ni al presente ni al futuro. Así, tu mente permanece en todas partes en meditación, libre de pensamientos discriminatorios.

Toda tu vida es un largo sueño. Despierta de este fascinante espectáculo de ilusiones.

La perfección de la sabiduría reside en la comprensión de que nada en este mundo es real.

No hay un pensador detrás de los pensamientos, sino que los propios pensamientos crean la ilusión de un pensador.

El pensador con el que te identificas no es más que la suma de pensamientos.

La experiencia de la realidad trascendente aleja todo el pensamiento dualista y todo el sufrimiento en un instante mientras se derrama en ti en toda su plenitud.

Esta experiencia de la naturaleza luminosa y verdadera de tu mente lleva a la gran liberación.

La verdadera Mente en Sí-Misma, como fuente de todo, impregna y abraza todo con la gloria radiante de su propia perfección. Todo está lleno de la plenitud divina.

Reconoce incluso en las cosas pequeñas esta plenitud del Ser Divino. El que ha conocido verdaderamente su Verdadero Sí-Mismo lo reconoce igualmente en todas las cosas y en todas partes.

El corazón de un despertado abarca todo el universo y su conciencia es un vacío luminoso.

En el silencio de la reclusión interior experimenta su unidad con el Tao, la realidad suprema, y así se encuentra en armonía con la totalidad del Ser.

En realidad no hay nada que alcanzar. Solo es cuestión de llegar a una comprensión silenciosa de tu propia mente.

Desarrolla una conciencia apegada a nada, pues nada importa ante la presencia de la muerte.

El momento de la muerte es el clímax de la vida. Es la gran oportunidad para que el hombre vea a través de la naturaleza engañosa de todos los fenómenos y despierte del sueño del cuerpo, la mente y el mundo.

Porque solo comprendiendo la verdadera naturaleza de tu mente alcanzas la liberación del ciclo de nacimiento y muerte.

Sin dirigir tu percepción a la multiplicidad de apariencias y libre de identificación, mantén la llama de la conciencia y descansa con claridad natural en la sublime y perfecta extensión abierta de la mente.

En esta conciencia relajada, brillantemente clara y sin percepción dualista, todas las apariencias no se perciben como algo concreto, sino que se experimentan directamente como conciencia.

Haz que el interior sea un exterior y el exterior un interior, entonces experimentarás tu Verdadero Sí-Mismo en todo momento y en todas partes.

No dejar que la mente habite dentro ni fuera, eliminar el ir y venir de la mente aferrada, esto es el trabajo libre y sin obstáculos de la sabiduría de tu Ser Verdadero.

Estar lleno de tu Verdadero Sí-Mismo es estar vacío de todo. Pero estar lleno de todo es estar vacío de tu Verdadero Sí-Mismo.

A quien es uno con Dios, el mundo no puede añadir nada a su plenitud interior, porque ya experimenta la perfecta plenitud de la Deidad en su interior.

Si siempre dejas que todos los pensamientos pasen como nubes en el cielo y descansa serenamente, relajado dentro de ti, entonces toda la tensión y la dualidad se disolverán.

Cuando no fijas nada, sino que simplemente estás presente y eres pura percepción, entonces la tensión sujeto-objeto se disuelve y sientes y comprendes que todo es solo mente.

La verdadera naturaleza de la mente es la perfección. No le falta nada. No necesita corrección.

Así, en la meditación Zen, habita en la autoconciencia pura e involuntaria de la mente hasta que la mente, en su ilimitada y abierta extensión, sea consciente solo de sí misma.

En el terreno más íntimo de tu ser, se revela el espacio-infinito ilimitado de la mente.

Aúna tu respiración con el espacio vacío y estate absolutamente presente en el momento actual, para que te impregnes completamente del Ser Divino.

En el silencio de la mente se experimenta la unidad del cuerpo, la respiración y la mente. En este silencio, que esta más allá del tiempo y del espacio, toda la dualidad se disuelve.

Tu Verdadero Sí-Mismo inmortal no se encuentra en el pasado ni en el futuro. Solo se te revela en la eternidad intemporal del Ahora.

Si realmente quieres experimentar la realidad de tu Ser Verdadero, debes entrar en contacto directo con él y comprometer todo tu ser en el momento presente.

Así, es muy esencial en la práctica del Zen alcanzar la autoconciencia serena y vacía de la mente, para que siempre experimentes la claridad de la mente en la inmediatez del aquí y ahora.

La meditación no es una acción especial, es lo que eres. La meditación es tu verdadera naturaleza. Es el estado claro y natural en el que la mente habita brillantemente consciente en el silencio, la quietud y la paz dentro de sí misma.

No hay otra forma de conocer la verdad que hundiéndote en tu propio centro y experimentando tu verdadera naturaleza.

A través de la eficacia transformadora de nuestra devoción y amor por la Divinidad, alcanzamos la perfecta reclusión interior de la mente.

Porque el deseo mismo del amor es la disolución perfecta del amante en la radiante realidad divina que es el amor puro.

La naturaleza de la omnisciencia iluminada es conciencia pura y tan vacía como el espacio ilimitado. Es el ser eterno, libre de nacimiento y muerte, de alegría y sufrimiento.

En esta experiencia de absoluta conciencia de todo, no hay objetos que mirar ni un observador. Debido a la presencia espontánea de la conciencia primordial, no hay ninguna meta que alcanzar.

La mente que no permanece en ninguna parte, que no se apega, es la verdadera naturaleza de tu mente. Solo tu pensamiento condicionado te hace no ser libre.

Así, despréndete de la compulsión del pensamiento discriminatorio y conceptual y habita con tu conciencia en la presencia inmediata del Ser puro. De este modo, se alcanza la paz mental permanente.

La naturaleza fundamental del universo es un vasto e ilimitado vacío abierto sin una sola cosa a la que aferrarse.

Este vacío primordial es la plenitud del Ser Divino, la realidad de tu Ser Verdadero no-nato y, por tanto, inmortal.

La mente humana es prisionera de su visión dualista autogenerada y ligada a los objetos.

Así, el hombre nunca mira hacia su interior, por lo que no puede conocer su Verdadero e inmortal Sí-Mismo, que esta completamente libre de todo lo externo.

Tú no eres tu cuerpo. Porque el cuerpo con el que te identificas no es más que la manifestación visible y mental de tus impulsos kármicos.

Mientras sigas convencido de que eres el cuerpo que cubre tu Verdadero e inmortal Sí-Mismo, seguirás atado al ciclo de nacimiento y muerte.

El Zen es la esencia y la culminación de todo el budismo. Es el camino directo de la captación instantánea de la realidad tal como es.

La verdad del Zen esta libre de todos los opuestos. Está más allá del sí y del no, de la apariencia y de la realidad.

La crucifixión de Jesús señala la necesidad de la muerte mística. Porque la extinción del ego, del engaño del ego, es el momento de la resurrección del verdadero e inmortal yo.

Cuando así, en el olvido de sí mismo y de todas las cosas, llegues a soltarte, la inmensidad ilimitada de la Mente Única se revelará ante ti, brillante como mil soles.

El mundo que experimentas como materia sólida en el espacio y el tiempo solo existe en tu conciencia. Todo lo que puede convertirse en el contenido de nuestra percepción no es más que una apariencia en la conciencia, sin ser real.

Todos los objetos, todos los fenómenos son solo apariencias. La única realidad es la Mente Única, al lado de la cual no existe nada más.

El Zen es siempre inmediato y directo. Siempre apunta con el mayor énfasis a nuestra propia mente-corazón: nuestra naturaleza búdica inmortal.

Así, un Maestro Zen solo se preocupa de aclarar la mente del estudiante para que pueda experimentar el estado original de su mente.

La verdadera persona Zen experimenta la realidad de su Ser Verdadero en medio del mundo.

Así, la práctica del Zen no solo consiste en sentarse tranquilamente en el cojín de meditación, sino también en alcanzar cada acción conscientemente en la vida cotidiana y en estar plenamente presente en todo.

En la presencia absoluta del aquí y el ahora, lo eterno se revela.

Cada momento que experimentamos es un regalo divino y una oportunidad única de realización.

Si queremos tener una vida satisfactoria y feliz, no hay otra manera que vivir cada momento de la vida cotidiana con una conciencia profunda.

Todo es la Mente Única, al lado de la cual no existe nada más. La multiplicidad de todos los fenómenos no es más que un juego en la superficie de la Mente.

Es como el vaivén de las olas moviéndose sobre la profundidad eternamente intocable del mar.

En la quietud del silencio interior se eleva la Palabra divina.

Pero cuanto más penetra el hombre en la plenitud del Ser divino, más incapaz se vuelve el lenguaje de expresar con palabras el misterio inefable de lo Eterno.

Un requisito previo para la disposición interior de abrir nuestro corazón a todos los seres es la devoción desinteresada y el amor compasivo por todos los seres vivos que se produce en el camino espiritual.

En la conciencia de la totalidad del Ser, en la clarividencia sin discernimiento del espíritu, sentimos una profunda reverencia y un amor omnipresente por todo lo que existe.

Solo cuando te desprendes de la compulsión independiente de pensar con todo el sentimiento habitual condicionado por el ego, te das cuenta de la gran claridad y el poder interior.

Cuando ya no se forman cadenas de pensamiento, sino que cada pensamiento aparece y desaparece de nuevo sin que nos remitamos a él, se da la inmersión mística de la visión ilimitada.

La verdadera felicidad solo es posible a través de la paz interior. Porque solo donde no hay pensamiento discriminatorio independiente hay paz perfecta y conciencia dichosa.

En esta experiencia de conciencia pura experimentas todo tu ser con tal intensidad y alegría interior que toda tu experiencia del mundo se transforma.

Cuando la percepción de las cosas externas no te ciega, experimentas la pura alegría de ser y trasciendes el mundo de las apariencias.

Cuando tu mente se asienta y se libera de la ilusión, de modo que la claridad profunda y abierta es inmutable, solo entonces tu paz interior es constante.

La conciencia de todos los Budas es una conciencia constante de la naturaleza clara e inmaculada de la mente.

El Maestro es la manifestación de la bendición de todos los Budas. Confiarse a él es confiarse a todos ellos.

El despertado se experimenta a sí mismo como la única realidad sin espacio-tiempo junto a la cual no existe nada más.

Quien ha reconocido verdaderamente su Ser Verdadero -más allá del nacimiento y la muerte- lo reconoce igualmente en todas las cosas y en todas partes.

El Zen es una vida sin grilletes, una vida en libertad, y es la libertad misma. La verdadera vida Zen significa mantener una mente no apegada, en todas partes y en todo momento.

La experiencia personal lo es todo en el Zen. No hay otro camino hacia la liberación que despertar a tu Ser Verdadero sin nacimiento y sin muerte.

No hay nada que exista fuera de tu conciencia. Todo es un sueño, sin ninguna realidad.

El Zen consiste, en definitiva, en ver con claridad, abandonar el sueño y, finalmente, despertarse del todo. Sin embargo, mientras sigas soñando, estás en tu sueño autogenerado de nacimiento y muerte.

Cuando tu mente habita en la presencia absoluta del aquí y el ahora, estás en armonía del cielo y la tierra.

En la poderosa quietud del no-pensamiento -en el mantenimiento constante de la llama de la conciencia- tu mente alcanza la calma.

Si realmente queremos experimentar nuestro Ser Verdadero, debemos dejar muy atrás todas las especulaciones filosóficas y dirigirnos a nuestra fuente interna de conocimiento.

Solo aquí se nos revelará ese misterio inefable, que más allá de todo nombre se revela como nuestro inmortal y Verdadero Sí-Mismo.

Pie de imprenta

Primera edición 2022

Título original "Die Unsterblichkeit des wahren Selbst"
publicado por Spirit Rainbow Verlag, Aachen, Alemania 2022

Idea y diseño original: Verena Kopp
Edición de imágenes: Reinhard Zanella, Sandro Hölzel
Traducción: Ignacio Vega
Maquetación: Reinhard Zanella
Diseño de la cubierta: Reinhard Zanella
Foto de la contraportada: Axel Jung

Producción y publicación:

BoD – Books on Demand, Norderstedt
ISBN 9783746009056

Zensho W. Kopp, nacido en 1938, es uno de los maestros espirituales más autorizados de la actualidad y enseña una vía contemporánea de realización espiritual.

Autor de renombre internacional y con numerosos libros espirituales y audiolibros, enseña a una gran comunidad de estudiantes y dirige el Centro Zen Tao Chan en Wiesbaden, Alemamia.

Tao Chan Zentrum e.V., Asociación sin ánimo de lucro, Wiesbaden, Alemamia.

Dos veces al mes, el Centro Zen Tao Chan organiza una velada Zen en línea con una charla del maestro Zen Zensho W. Kopp, a la que también pueden asistir los interesados. También existe la posibilidad de hacer preguntas personales al maestro Zen Zensho.

Inscripción en la velada Zen en línea:
www.tao-chan.org/es/eventos/eventos-jornada-zen.html

Centro Zen Tao Chan
www.youtube.com/@centrozentaochan

Para disfrutar del contenido y las charlas del Maestro Zensho, suscríbase gratuitamente aquí: www.youtube.com/@centrozentaochan

Facebook Centro Zen Tao Chan www.facebook.com/centrozentaochan

Otros libros de Zensho W. Kopp

también disponible eBook / Versión Kindle

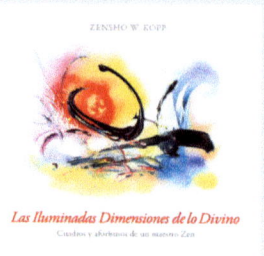

El arte moderno Zen, Pinturas y aforismos de un Maestro zen occidental. 124 páginas, 16,50 €

Las Iluminadas Dimensiones de lo Divino, Cuadros y aforismos de un maestro Zen. 140 páginas, 10,50 €

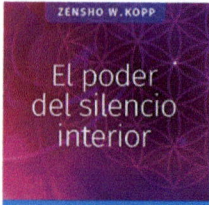

La radiante claridad de la mente 138 páginas, 9,80 €

Vida desde la plenitud interior 116 páginas, 9,80 €

El poder del silencio interior 104 páginas, 9,80 €

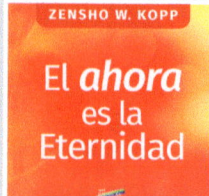

El ahora es la Eternidad 114 páginas, 9,80 €

El ascenso de la luz interior 114 páginas, 10,90€

Otros libros de Zensho W. Kopp

también disponible eBook / Versión Kindle

Las imágenes de los
bueyes del Zen
212 páginas, 9,95 €

La vida verdadera
mediante el ZEN
140 páginas, 10,99 €

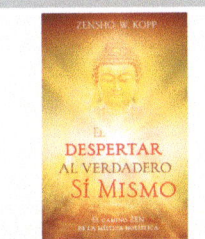

El despertar al
Verdadero Sí Mismo
140 páginas, 11,99 €

Lao-tse Tao Te King
El libro del Tao y su Virtud
120 páginas, 9,95 €

Todas las publicaciones de Zensho pueden encontrarse y adquirirse aquí:
www.tao-chan.org/es/

Créditos de las fotos